DAS NEUGIERIGE ENTLEIN

Bilder von Ingeborg Meyer-Rey

Text von Ludmilla Herzenstein

BELTZ
Der **Kinderbuch**Verlag

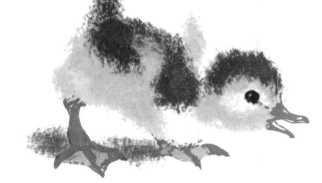

Es war einmal eine Entenmutter mit
vielen kleinen Entlein.
Eines Tages sagte die Mutter:
»Kinder, ihr seid jetzt groß genug,
 um ins Wasser zu gehen.«

Die Entlein hatten gar keine Angst
vor dem Wasser.
Ein Entlein nach dem anderen legte
sich auf den Bauch und rutschte ins Wasser.
Sie konnten alle gleich schwimmen.

Manche schwammen hin und her, manche
steckten das Köpfchen ins Wasser
und das Schwänzchen in die Höhe
und zappelten mit den Beinen.
»Bleibt alle zusammen«, sagte die
Mutter, »Hechte und Wasserratten
könnten euch sonst leicht schnappen,
wenn ich nicht auf euch aufpasse.«

Auf dem Wasser war es sehr schön.
Dort standen weiße Seerosen. Auf
ihren Blättern saßen kleine Frösche.
Wenn sie die Entenfamilie von weitem
kommen sahen, sprangen sie ins Wasser
und schwammen davon.

Eine bunte Libelle huschte über das Wasser.
Ihre Flügel glitzerten in der Sonne.
Sie flog so niedrig, dass sie das eine
Entlein beinahe streifte.
Neugierig drehte sich das Entlein um.
Die Libelle flog zum Ufer und das Entlein
schwamm ihr nach.

Am Ufer blühten Vergissmeinnicht-Blumen.
Die aufgeblühten Blumen leuchteten himmelblau,
aber die Knospen und die kleinen Blümchen
oben am Ende des Stängels waren zartrosa.
So etwas Schönes hatte das Entlein
noch nie gesehen. Es schaute und schaute
und vergaß alles andere.

Aber plötzlich erinnerte es sich daran,
dass es hinter der Mutter und den
Geschwistern zurückgeblieben war.
Es erschrak sehr. Die anderen waren
nirgends zu sehen. Es rief laut: »Kua, kua«,
aber keine Antwort kam. Sie waren schon weit
und konnten das Entlein nicht hören.

Als es so jämmerlich rief und
erschrocken hin und her schwamm, sah
es einen dunklen, langen
Schatten im Wasser. Was mochte das
sein? Was unbekannt ist, kann gefährlich
sein, dachte das Entlein –
schnell raus aufs Ufer!
Kaum war es aus dem Wasser herausgekrabbelt,
da schnappte schon ein großer Hecht
nach ihm. Beinahe hätte er es noch am
Schwanzzipfelchen
gefasst.

Zitternd stand das Entlein am Ufer
und traute sich nicht mehr ins Wasser.
Allmählich fing es an, dämmerig zu werden.
Vielleicht kann ich den Landweg nach
Hause finden, dachte es und wollte
sich schon auf den Weg machen.

Da hatte es plötzlich das Gefühl, dass
es beobachtet wurde.
Schnel! drehte es sich um und sah
zwei böse Augen auf sich gerichtet.
Eine junge Wasserratte war
ans Land gekrochen und schlich sich
heran. Ihre Augen leuchteten gierig.
Das ist ein zarter Bissen für mich, dachte sie.

Was sollte das Entlein tun?
Vor Schreck setzte es sich hin. Aber sofort
sprang es wieder auf und
wartete auf den Angriff der Ratte.
Und als es so weit war, gab es der Ratte
blitzschnell einen Schlag mit seinem
kleinen, aber festen Schnabel auf die Nase.
Und noch einen und noch einen, dass die Ratte
zurücksprang und die Nase vor Schmerz verzog.
Das hatte sie nicht erwartet.

Und als sie immer mehr Schnabelschläge bekam,
auf den Kopf und auf die Nase, da drehte sie sich um
und lief davon.

Ganz aufgeregt war das Entlein
nach dem Kampfe, aber sehr zufrieden
mit seinem Erfolg.

Inzwischen war es noch dunkler geworden.
Das Entlein beschloss, am Ufer zu übernachten,
kuschelte sich ins Gras, schloss
die Augen und war sofort fest eingeschlafen.

Am nächsten Morgen wachte es früh auf.
Die warmen Sonnenstrahlen
schienen in sein Grasbettchen.
Munter sprang es auf, putzte sich den
Flaum mit dem Schnabel zurecht und
rutschte dann vorsichtig ins Wasser.
Es passte genau auf, ob nicht wieder ein Hecht
in der Nähe war, und hielt sich am Ufer,
um sich gleich an Land retten zu können.

Als es ein Stückchen geschwommen war, sah
es von Weitem die ganze Entenfamilie im Wasser.
Vor Freude reckte es sich in die Höhe,
schlug mit den Flügelchen und jagte übers Wasser
der Mutter und den Geschwistern entgegen.
Als die Entenmutter das sah,
schlug sie auch vor Freude mit den
Flügeln. Das war ein frohes Wiedersehen.

Die Entenmutter war sehr aufgeregt, als das Entlein
von seinen überstandenen Abenteuern berichtete. Sie
hatte sich schon große Sorgen um den kleinen
Ausreißer gemacht. Wie gut, dass es sich
so tapfer gewehrt hatte. Alle seine kleinen Geschwister schnatterten
aufgeregt und sahen das Entlein an.
Das nahm sich ganz fest vor, nie wieder allein
wegzuschwimmen und in Zukunft immer auf die
Mutter zu hören.

Für diesen Nachdruck wurde das Exemplar der Staatsbibliothek zu Berlin –
Preußischer Kulturbesitz – benutzt: BIIIc, 1402

© 2011 Beltz | Der KinderbuchVerlag
in der Verlagsgruppe Beltz · Weinheim Basel
Erstmals erschienen 1952
Alle Rechte vorbehalten
Neue Rechtschreibung
Gesamtherstellung:
Beltz Bad Langensalza GmbH, Bad Langensalza
Printed in Germany
2 3 4 5   16 15 14